Laidy Pérez

Complicidad

De suspiros y gemidos

**Libro que le debo
a mi mente, a mi corazón.**

Reservados todos los derechos. No se permite la reproducción total o parcial de esta obra, ni su incorporación a un sistema informático, ni su transmisión en cualquier forma o por cualquier medio (electrónico, mecánico, fotocopia, grabación u otros) sin autorización previa y por escrito de los titulares del copyright. La infracción de dichos derechos puede constituir un delito contra la propiedad intelectual.

El contenido de esta obra es responsabilidad del autor y no refleja necesariamente las opiniones de la casa editora. Todos los textos e imágenes fueron proporcionados por el autor, quien es el único responsable por los derechos de los mismos.

Publicado por Ibukku, LLC
www.ibukku.com
Copyright © 2022 Laidy Pérez
ISBN Paperback: 978-1-68574-127-3
ISBN eBook: 978-1-68574-128-0
LCCN: 2022906379

Índice

Acerca de la autora	9
Agradecimientos	11
Una mujer vino del sur	*15*
Primer beso	*21*
Ganas	*23*
Su locura	*25*
De gloria	*27*
¿Me quieres?	*29*
Beso robado	*31*
Desató mi primavera	*33*
Un filo de mi piel	*35*
Soy feliz	*37*
Profunda	*39*
Te viví en un sueño	*41*
Sobre este cuerpo desnudo	*43*
Certeza	*45*
Disfrutarte	*47*
Con una caricia tuya	*49*
No hay prisa	*51*
Aventurero	*53*
Mi fruta	*55*
Sin avisar...	*57*
Pienso... te siento	*59*
Con sabor a poesía	*61*
Te gusto	*63*
Inmensa	*65*
Seductora	*67*
Me sientes	*69*
Hembra	*71*
Cálida	*73*
Ven	*75*
Quiero:	*77*
Sobre mi cuello el sabor de su boca	*79*
Bésame...	*81*
Con cada sentido	*83*
Puedo... ¡quiero!	*85*
Mis uñas en el colchón	*87*

Hablaron sus ojos	*89*
Confesión	*91*
A puro suspiro	*93*
Baila el pecado	*95*
Te reto	*97*
Húmeda osadía	*99*
Ausencia	*101*
Frío	*103*
Me sabes a distancia	*105*
Insisto:	*107*
Duele no tenerte ya	*109*
Esperando al alba	*111*
Me tocó sin tocarme	*113*
Tu huella	*115*
Deseos de mujer	*117*
Imaginación	*119*
Noche pálida	*121*
Me desnuda el corazón	*123*
Te sorprendió mi boca	*125*
Clandestinos	*127*
Tórrida sed	*129*
Su libertad...	*131*
Noche soñada	*133*
Efímero	*135*
Convencida	*137*
Cita	*139*
Intento	*141*
Olvido	*143*
Amor es "complicidad"	*145*
Delicioso amarte	*147*
Conquista	*149*
Húmeda	*151*
Todo de él	*153*
Me conoce	*155*
Te elijo	*157*
Perderme contigo	*159*
Acertijo	*161*
Por tu lado	*163*
Deshojada	*165*
Amor:	*167*
Mi verdad	*169*
Tacto	*171*

Pasiones	*173*
Las palabras que te gustan	*175*
Pies desnudos	*177*
De sol	*179*
Tentaciones	*181*
Un mundo para dos	*183*
Mi universo	*185*
Hacernos el amor	*187*
Complicidad de Mujer	189
Soy lo que ves...	*191*
Más que piel	*192*
Dichosa	*193*
No eres linda...	*194*
Curvas	*195*
¿Cómo decirle "NO"?	*196*
Inquieta en tus pupilas	*197*

Acerca de la autora

Laidy Pérez García nació en el mes del amor en la ciudad de San José de las Lajas, otrora provincia de La Habana, Cuba.
Locutora profesional de radio y presentadora de televisión.
Premio Nacional de la Radio, en su país de origen, como realizadora y locutora.
Se desempeñó, además, como presentadora, guionista y productora de Cartelera Miami, proyecto que se desarrolló en esta ciudad donde reside.
Con sólida base en el periodismo ejercido durante una década.
En la actualidad tiene su blog personal *Complicidad* en dos páginas sociales.

Agradecimientos

A mis seguidores en las redes sociales.
Agradezco sus comentarios, las reacciones, el haber compartido mi obra.
¡Ponen a volar mi imaginación!

Agradecida a quienes han hecho suyos mis poemas, a los que han vivido el amor y erotismo a través de mis letras en *Complicidad*.

Llegue el agradecimiento a toda mi familia, siempre mi sonrisa brillará bajo su amparo.

"La amistad vuela alto,
con alas de seda y mármol."

Escribí esta frase para mis verdaderos amigos, saben ellos que están vibrando en mis sentimientos. Con su apoyo he llegado a este segundo de mi vida; sin ellos, imposible.

Al doctor Eduardo Valladares: su convicción y seguridad en este libro colmó mi mente de inspiración y esperanzas.

A la doctora Marta C. Martínez Salazar: cuidó con esmero mis pensamientos.

A Eduardo Pérez: presto con su talento a dejar su huella en *Complicidad*.

A Lalo Greiner: su sapiencia y oportunos consejos pusieron nuevas alas a *Complicidad*.

A Gilberto Hernández Macareño: su obra simboliza a la mujer en Complicidad.

A Lázaro Ledesma y Orestes Waldemiroff: el arte en ellos deviene en poesía.

A todos gracias por la entrega, por el preciado tiempo que han regalado a *Complicidad*, la idea que alzó sus alas una hermosa tarde de primavera, con amor, osadía, pasión e inmensas ganas.

A quienes confiaron en la realidad de mi libro, el agradecimiento eterno.

Por todos ustedes vuela más alto *Complicidad*, que se convierte en publicación editorial.

Hoy soy una mujer feliz.

A mi hija: la inspiración de mi vida,
se ruboriza ella con mis poemas.

A mi esposo: el más puro amor.

A mis padres: cómplices de mi existencia.
  A quienes el trabajo les curtió bien hondo,
y les privó de las letras que hoy defiende
su hija.
En sus corazones late el orgullo.

A mi hermana: la Mini de mi infancia,
a la que quiero.

Una mujer vino del sur

La mujer llegó del sur con su familia abrigándole el alma... y un baúl lleno de deseos e intenciones.

Las intenciones se convirtieron en poesía, la poesía en vivencias.

Para escribir con propiedad se tiene que haber vivido.

Complicidad es, primero, amor; después, pasiones.

Declaró para el mundo:

¡Soy dueña!

Dueña soy de cuatro décadas,
de mi sonrisa y su encanto,
de la certeza absoluta
presenciada a cada paso.

La poesía que mezcla romance y erotismo no es fácil, pues se necesita pleno conocimiento de sí mismo. Pienso que el deseo de cualquier persona, durante la consumación del más sublime acto que se materializa en la intimidad, cobija el anhelo por el saber:

"¿Qué deseo?" "¿Qué espero?" "¿Qué quiere mi pareja de mí?"

"¿Qué se nos antoja cuando estamos juntos?"

Las respuestas las encuentras en *Complicidad*:

—Si Laidy las ofrece con amor y erotismo, ¿por qué no hacer un buen tiempo para vivirlas?

Soy dueña de mis fracasos,
de la gloria de mis días,
de las lágrimas caídas
por las conquistas vacías.

No quiero asentar que el poeta tiene que ser una persona sufrida, pero la presencia del dolor parece ser un común entre quienes deciden poner sobre papel las lágrimas y conquistas. Esta mujer venida del sur se revolvió en pasiones cuando el dolor hacía mella en su mente. Y el dolor inspiró el deseo de convertir lágrimas en versos. Las conquistas prevalecieron, dejaron de ser huecas y se gestó Complicidad: tuvo buen parto.

Laidy comenzó por ser amante de sí misma, luego de todo lo que, de buen gusto, se descarga de sus manos por medio de la pluma. En resumen, es una sinergia entre autora y obra.

Sí, se convirtió en el susurro inquieto de quien tiene la osadía de leerla.

Dueña soy del erotismo,
de mi cintura, mis piernas,
de ese morbo alucinante
derrochado en mi conciencia.

¡Qué osada suena esa declaración!

Pero no cualquiera se atreve a hablar con propiedad. La lectura de esta cuidadosa selección de poemas invita a mirar, desde otro punto de vista, a esa persona que duerme a nuestro lado. También despierta profunda meditación enfocada hacia el gran valor de la mujer, sólo por el simple hecho de ser MUJER.

Quizá la propuesta sea:

—Mujer, si quieres cambiar tu entorno, cambia primero el concepto que tienes de ti. No te conformes con soñar, conviértete en realidad.

Y, en boca de la autora: "No es suficiente desear. Se requiere alucinar hasta perder la razón."

Soy dueña de los antojos,
...mis perennes deseos,
de ese lugar delicioso
para colmarle de besos.

Y llegamos a la consumación de lo íntimo.

Hay que tener talento genuino para decir lo prohibido. Para quitar la mordaza que la sociedad ha ido imponiendo, y declarar sentimientos tabúes, que hoy, y gracias a Complicidad, se hacen públicos. Es como volver a ser niños, en quienes las prohibiciones no han calado, y el término "vergüenza" no les ha sido impuesto.

La mujer venida del sur se ha puesto un cuchillo en la boca para defender su creación, para cantar lo que otros ocultan.

Dueña soy de mi alegría,
de la forma de adorarme,
de aquellas huellas dejadas
para poder reencontrarme.

Puedo dar por seguro: quien se atreva a aventurarse en este compendio, irremediablemente cambiará su vida. No solo en lo que a sexo se refiere, sino también en la visión de lo que enmarcamos como rutina cotidiana.

Reencontrarse es la acepción correcta y, a continuación, el proponerse dejar huella. Los momentos difíciles se trastocan en ideales, en pasos que no cansan, y se reviven en lo oculto de la noche, en la única razón por la que se cierran las ventanas...

...a menos que desees dejarlas abiertas para crear tentaciones.

Son poemas en "complicidad".

> *¡Soy dueña!*
> *Soy esa reina grandiosa,*
> *plena, ardiente, primorosa,*
> *bohemia, tierna, coqueta...*
> *con la corona bien puesta.*

¡Soy dueña!... vuelve a gritar Laidy.
Ahora sería oportuno parafrasear nuestra frase de arranque:

> Del sur vino quien porta una corona.

Las demás manifestaciones (plena, ardiente...), no tengo intención de explicarlas. Amiga o amigo que te has propuesto desprenderte del tradicional costumbrismo, tienes que leer este libro para descubrirlas.

Y créeme será el momento más delicioso de tu noche, o cualquier otro instante, en el que anheles desatar tus más delirantes pasiones.

La mujer venida del sur puede llegar a ser esa cómplice ideal de aquel que tenga el arrojo de sumergirse en su obra.

> ¡Dueña soy de este poema,
> y está latiendo en mis venas!
> (*Laidy Pérez*)

Gonzalo M. Portas

Complicidad

Primer beso

Desafía mi memoria
los recuerdos de antaño...
se descifran los encantos
que acudieron a mis labios.

Atrevido fue el momento
de asomarme ante tu boca
al asaltar por sorpresa
tu mirada cautelosa.

Te debatías en dudas,
mientras tus manos resueltas
se disponían con prisa
a arriesgarse en la conciencia.

Cruzaron nuestros deseos
el umbral de la cordura
y nos quedamos inertes,
    ajenos,
        ausentes,
            inmersos en la locura.

(Aquel encuentro es historia,
respira en el pensamiento).

Un recuerdo que acontece
en el latir de estos tiempos...
        cuando tu sonrisa vive,
        mi sed te sofoca,
          tu alma me abraza,
            mis ojos te tocan.

A su merced, mis ganas.

———————

Complicidad

Ganas

Insensata la razón,
de plácemes la locura,
su cuerpo viril seduce
       mis manos en ataduras.

Libidinosas sus piernas
   enajenando mi vientre
   torcido bajo las ganas,
      sollozante,
         arriscado,
            con el recato olvidado.

Implacable su locura.

Complicidad

Su locura

Aunque:
      Cayó la lluvia,
   sopló el viento,
gimió la brisa,
¡implacable el tiempo!

      Él se mantuvo inerte
      en secuestrar mi universo.

*Amo ese pedazo de cielo
cuando en mis senos
le siento.*

_____

Complicidad

De gloria

Bajó por su espalda,
los muslos,
sus piernas,
dejando su huella
profunda y perversa.

Resbaló su boca
sin pedir permiso
por esa mujer
de enigmas y hechizos.

Cayó de rodillas
gimiendo en silencio,
rendida ante el hombre
que mojó su cuerpo.

Sus manos de embrujo
tocaron sus senos,
la cara,
su boca,
el sudor sin frenos.

De gloria sus labios
mancharon el suelo,
goteando deseos,
seduciendo al cielo.

*Por ti escribo estos versos,
me desnudan el alma.*

Complicidad

¿Me quieres?

Pues claro... ¡te quiero!
Si dibujas mi sonrisa cuando alumbra
                              la mañana,
si descubres mi perfume rodeado
                              de tantas dalias,
si me nutres de esperanzas con la fe
                              en la confianza...

¡Pues claro... te quiero!
Si despeinas mi cabello con tus manos
                              tan fornidas,
si mis oídos precisan de tu palabra divina,
si mi voz es más potente cuando pronuncio
                              tu nombre...

Claro... te quiero:
    Si me desnudas el cuerpo cual pétalo
                de flores,
  si mis pechos se estremecen con el latir
                de tus roces.

*Se me antojan esos labios
de razones y motivos.*

_____

Complicidad

Beso robado

Róbame...
    un beso vivo,
        mórbido, tórrido, impuro...

Ponle ardores a mi boca
con tu sed que me sofoca.

Róbame...
    un beso cuerdo,
        sutil, terso, enamorado...

Haz que se cierren mis ojos
cuando tus labios me tocan.

        ¡Atrévete!
      Róbame un beso,
   un beso que sea eterno,
¡y no quepa en mi universo!

*Solo tú sabes –y puedes–
dibujar mi alma.*

———————

Complicidad

Desató mi primavera

Se llevó el frío,
lustró mi sonrisa,
me puso alas nuevas.

    Él,
        ¡desató mi primavera!

Al filo de sus pensamientos... yo.

Complicidad

Un filo de mi piel

Los recuerdos acuden al silencio.

Tendido yace
   sobre esas sábanas
      que me hicieron mujer.

Ausentes, lejanos...
   el color de mis labios,
      el roce de mis dedos,
         este cabello con olor a miel.

Perdido yace
   entre las curvas de mi risa,
      –con sabor a cielo–,
         en mi cuerpo desnudo
            con fuego en su sed.

         Cada suspiro,
          sus manos,
         mi ausencia...
      ¡ruegan a gritos un filo de mi piel!

Laidy Pérez

*De mi alma, mi carne,
eres la razón constante.*

———————

Complicidad

Soy feliz

Si así me enciendes,
si así me amas,
               soy feliz
               con este fuego,
                            con estas alas.

*Le he encontrado enamorado
acariciando mi alma.*

———————

Complicidad

Profunda

Llegó de puntillas todo amartelado.

Descubrió profunda
a la mujer que un día
torció su destino,
despertó su vida.

Contempló sin prisa
toda la hermosura,
descubrió en sus senos
mil trozos de luna.

Corrió su cabello
que entre las pestañas
yacía sereno,
callado,
en calma.

La espalda desnuda
invitaba a amarle.

Dilató el momento
   de quitar la ropa,
      demoró el instante
         de besar su boca.

Mis noches huelen a hombre.

───────────

Complicidad

Te viví en un sueño

Así, de repente, llegaste callado.

Tocaste la puerta
de mis fantasías
en la madrugada lívida
y sombría.

> Sentí que en mi vida
> tus manos danzaban.

Subí hasta la cima
de tus ojos ciertos,
me paré en puntitas
a buscar tus besos.

> Viví la pasión
> desatada en tus brazos.

Delicioso el tiempo
de aquel febril sueño,
hoy duerme callado
como mi único dueño.

*Pido el sabor de su boca
descifrando mis enigmas.*

―――――――――

Complicidad

Sobre este cuerpo desnudo

Su mirada ha cubierto el invierno
de mi desnudez.

Con pupilas de fuego talla mi cuerpo,
teje versos de la sed.

Provoca:
      al espacio entre mis pechos,
          al tiempo,
               al tórrido pulso de la piel.

Se asoma a mis labios,
desviste mi risa,
con palabras roza
el sabor de mujer.

Su boca se inquieta
y yo solo pido,
rendida en sus brazos,
mil besos que me conviertan en miel.

Mi refugio.

Complicidad

Certeza

Acurrúcame en tus pasos,
alimenta mis sentidos,
    hazme creer que son ciertas
        tus palabras en mi oído.

Laidy Pérez

*Me he perdido en tu misterio,
quiero...*

———————

Complicidad

Disfrutarte

Siento mi pelo,
 mis senos,
  mi ombligo,
   mis piernas.

    Toco mis muslos,
   mis dedos,
  mi aliento
 mi boca,

¡en mí quiero despertarte,
y despertar medio loca!

*Cabes justamente aquí...
en mi universo.*

———————

Complicidad

Con una caricia tuya

Tu caricia es el encanto
de esta piel enamorada,
se sacude de cordura
al caer sobre mi cama.

Sensual es esa caricia
cuando sus alas desnudas
me impregnan de melodía
con su ardiente tesitura.

Cada caricia deviene
en sublime poesía
al depurar los deseos
revueltos en mi osadía.

Desordena esta caricia,
estremece las pasiones,
se adueña de la locura
vestida de sensaciones.

Tu caricia...

...me sonroja,
pone a vibrar mi universo,
insiste en dejar estrellas
colgadas del firmamento.

Con una caricia tuya
haces volar a mis manos.

Con una caricia tuya
soy feliz...
        porque te amo.

*Déjame que te sienta en esta piel...
donde tus labios suspiran.*

———————

Complicidad

No hay prisa

Que tus labios rocen hasta
el pensamiento.

Desnuda mi frente,
los ojos,
mi boca,
con racimos de besos
que liberen la ropa.

Baja por el cuello
dilatando al tiempo
entre mi sonrisa,
su historia,
mi aliento.

Deja que mis pechos
jueguen en tu boca.

Saca a mi cintura
sus mil melodías,
recorre despacio
estas curvas tardías.

Besa las razones
que te dan mis piernas.

Arráncale gritos
a esta madrugada
y sorbo a sorbo
bébeme con ganas.

¡Suelta al torbellino
enredado en tu mente!

No hay prisa.

Ante mi hechizo rendido.

Complicidad

Aventurero

      Prendidos de mil amores
      andan vagando sus pasos.

¡He sido su presa fácil!

        Incauta,
        frágil,
        ansiosa,
     he caído entre sus brazos.

Cautivado ante la luz
prisionera en mis pupilas,
la rebeldía en mi pelo,
el rubor de mis mejillas...
                ha detenido sus pasos.

      Aventurero,
        fugaz,
        efímero,
        fugitivo.

¡Ha sido mi presa fácil!

Laidy Pérez

> *Que deliciosa mujer
> en esta noche despierta.*

———————

Complicidad

Mi fruta

Jugosa,
llena de respuestas para tu lengua.

Gozosa entre tus muslos llora,
se abanica en tus piernas.

¡Sin frenos gime!
Despojada de sombras y ataduras,
del hielo fiero en su noche oscura.

Mi joya...
　　　　¡Resucita ante tu boca!

Laidy Pérez

> *Atrévete a volar
> donde los suspiros te hagan soñar
> y los latidos te hagan vibrar.*

———————

Complicidad

Sin avisar...

...mi mente ha resucitado
después de un triste letargo.

Ha descubierto el encanto
tras unos ojos castaños.

Laidy Pérez

> *Te pienso en mis fantasías,*
> *en las noches de desvelos.*
> *Te pienso cuando mi piel*
> *precisa de tus deseos.*

———————

Complicidad

Pienso... te siento

> Conquista mi amanecer, se adueña de mis ocasos;
> mas vivo en la fantasía de despertar en sus brazos.

Entre mis versos te vivo,
prendida estoy de los latidos
que le arrancaste a mi piel.

Gritan aún, ¡se desesperan!

Junto a mi sed
suspiros enredados en mi pelo,
convulso por mi nuca,
los pechos,
revoloteando en mis dedos.

Gozan mis manos las fibras
de esta mujer ardiente, húmeda,
hermosa,
en sábanas vacías.

Mis piernas bañadas de tu olor
¡te viven!
...viril fragancia que estremece mis sentidos.

Me regalo tus labios, tus vellos, tu pecho...
¡me regalo esta noche todos mis gemidos!

Laidy Pérez

> *Soy aurora, erotismo,*
> *firmamento, melodía.*
> *Soy tempestad*
>   *en tus labios.*
> *Soy eterna poesía.*

———————

Complicidad

Con sabor a poesía

Sé que mirarás atrás
cuando ya hayas partido.

No quiero arrepentimiento
cuando tu cama
—algún día—
pregunte por la mujer
con sabor a poesía.

Sin cura posible.

———————

Complicidad

Te gusto

Cintura,
    piernas,
        cabello,
            boca...
entran en disputa en tu mente loca.

¿La pluma que erecta
tus fieras pasiones?

¿La risa que enciende
con fuego tu aliento?

¿El cerebro que nubla
tus mil argumentos?

No busques respuestas.

        Esta mujer
         sensual,
          bella,
       inteligente...
    ...sabes te gusta,
  ¡con ropa o sin ropa!

Laidy Pérez

*Pasos firmes,
rendidos a la inmensidad.*

―――――――――

Complicidad

Inmensa

Seducido ante el embrujo
de mi piel desenfrenada.

Prisionero de mi risa.

Embriagado del aroma
que reposa en mi cabello...

Ha detenido sus pasos.

-oOo-
¡Inmensa es esta mujer
desafiante entre mis brazos!

Laidy Pérez

*De mi piel,
y mi alma...
¡mis ganas!*

Seductora

El fuego en sus ojos incendiaba al tiempo.

Dejaba a su paso el olor de su pelo,
esparcía la huella de su desenfreno.

Sus curvas jugaban con las fantasías
de miradas rendidas ante su osadía.

Segura,
  coqueta,
    hermosa,
      perversa,

¡detenía al mundo dentro de sus piernas!

Laidy Pérez

*Siente mis suspiros
cuando tu alma me toca.*

———————

Complicidad

Me sientes

Soy:
Esa pluma afilada
enamorando tus días.
Luz perenne en la mirada
al agigantarse el alba.
Deliciosa tempestad
exacerbando tu calma.

Cada mañana:
Debates tu conciencia
entre razones.
Mis labios son mariposas
desempolvando acertijos.

Así:
Mis manos vuelan a ti
en tu mente soñadora.

>Se disparan los deseos
>al saborearme en tu cama,
>¡y aún no te has dado cuenta
>de lo mucho que me amas!

Laidy Pérez

*–Me gustas fuego, tormenta,
fiera, volcán, tempestad–,
me dijo entre sus caricias
desnudando mi verdad.*

―――――――――

Complicidad

Hembra

Llegaré mojada
de azúcar y lunas,
con sabor a hembra:

>sensual,
>lujuriosa,
>mórbida,
>sedienta.

>>Dejaré sus labios
>>repletos de soles,
>>y me iré en silencio
>>donde otros amores.

En busca de mis veranos.

Complicidad

Cálida

Que sobren abriles
en los corazones.
Y salobres sean
los cuerpos sin ropa.

Volverás entonces
buscando el verano
                      que dejé en tus brazos,
                        que regué en tu boca.

Laidy Pérez

Libertad.

―――――――

Complicidad

Ven

Libera tus pasos,
      ven a colmarme de besos
            y abrazos.

Sacude la calma
que tengo en mi cama.
¡Enciende la llama!

      Tócame sin pausas.

Desliza tus manos,
los dedos,
tu boca,
por mi madrugada.

Ven...

Seduce al silencio
inerte en mis senos.
Ámalos,
siéntelos,
juega entre su fuego.

Disfruta el sudor
que rueda por mi espalda,
deja que tus labios
toquen la esperanza.

Ven...

Libera tus pasos,
estremece al tiempo
que corre despacio.

Laidy Pérez

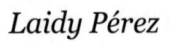

Tan solo quiero volar.

———————

Complicidad

Quiero:

Un nudo en la garganta,
sangre bohemia en las venas,
una musa apasionada,
en mi diario más huellas.

Mil lunas en el tejado,
suspiros a medianoche,
una espalda de verano,
diez dedos bajo mi escote.

Estrellas en mis pestañas,
susurros en el cabello,
dos copas sobre la mesa,
mariposas en mi cuello.

Auroras de primaveras,
notas en mi pentagrama,
gotas de sudor rendidas,
verdades sobre la cama.

¿Acaso es mucho pedir?
Quiero...
¡un amor con alas!

Laidy Pérez

>*–Ven a...*
>*deshojar mi cuerpo,*
>*desnudarme el alma,*
>*descubrirme plena.*

———————

Complicidad

Sobre mi cuello
el sabor de su boca

...enerva a la prisa.

Suspira encendido,
 sacude mis ganas,
  seduce al destino...

Desnudan sus ojos
mi mórbida espalda
y sus dedos corren
a invadirme el alma.

Me pierdo en sus labios
que roban mi ropa,
se estremece el tiempo
cuando me provocan.

Embriaga el sudor
a nuestros gemidos
al tórrido impulso
de caer rendidos.

Como remolino
queda el pensamiento.

 Mi cuello,
  su boca,
   la prisa,
    el destino...

...queriendo encontrarse
en nuestro camino.

*Como el rocío a sus pétalos,
la espuma a su arena,
el cielo a las estrellas...
¡bésame!*

Complicidad

Bésame...

el alma,
la piel,
mi orgullo,
los sentimientos.

Besa
mi risa,
sus pasos,
besa todos mis silencios.

Laidy Pérez

Donde mi piel suspira...

Complicidad

Con cada sentido

Acaricia mi piel con tus sentidos,
ven esta noche a seducirlos,
a embriagarlos.
              Soy tuya.

Escucha los gemidos
que entre mis poros arden.

Mírame en este cuerpo
esculpido de luna,
y siente el olor de mis suspiros
prendidos en tu alma.

Tócame hasta perder la calma
en estas sábanas que hablan.

Prueba mis senos tibios
al borde de tu espalda.

Sedúceme hoy
   con estas copas,
      y tus cinco sentidos.

*Puedo ser luna en tus noches,
el sol de tu primavera.*

―――――――――

Complicidad

Puedo... ¡quiero!

Puedo dibujar colores si me entregas
—tu sonrisa—,
empinarme hasta tus labios donde reposa
—mi risa.

        Puedo detener al tiempo
        cuando tu piel me acaricia.
        Saborearte entre mil besos
           dejando partir la prisa.

Contigo, amor... puedo
               ¡y quiero!
No dudes en desnudarme,
               acurrucarme con celo.

Laidy Pérez

*En el desenfado
de esta mente loca...*

Complicidad

Mis uñas en el colchón

        Que sean de fuego,
de amor y pasiones.

Que enciendan ocasos
teñidos de ganas
al sentir tus labios
gozando en mi cama.

Que griten al cielo:
—¡Cuanto te deseo
rendido en mi boca,
sudando en mis senos!

Que arranquen de cuajo
con perverso tino
tus fieros deseos,
mis ricos gemidos.

Laidy Pérez

> *Este amor late*
> *en su pecho,*
> *en la pasión de mis versos.*

Complicidad

Hablaron sus ojos

Me miró con esos ojos
bañados de soledad,
y descubrí en su mirada,
la ausencia de mi verdad.

*Confieso que quiero
saborear su fuego.*

Complicidad

Confesión

¡Solo un pecado!

Que roce mis senos
rosados, calientes,
y sean sus puntas
el mejor remanso.

Sentirá mi ombligo
el ardor de su boca.

Entrará en disputa
con el férvido vientre
que espera imprudente.

Vestidos de gloria
se agitan los muslos,
juegan en sus labios
a volar despiertos.

¡Confieso he caído rendida en su piel!
La lujuria ha llegado a tentar mi sed.

Laidy Pérez

*Entre suspiros te vivo:
¡los defiendo con cada latido
de mi corazón!*

Complicidad

A puro suspiro

Anda mi corazón desnudo
esparciendo sus latidos,
vaga por los rincones
recogiendo los suspiros.

Prendido estás en el alma
confundiendo mis anhelos.

Desordenas mi paz,
estremeces los miedos.

Perdida hoy la mirada
en medio del firmamento...
desafía mi destino
tentando mis sentimientos.

Sonrojas mi desnudez
al provocar los deseos
con esa pasión sedienta,
motivo de mis desvelos.

Robas cada pensamiento,
invades las soledades,
te adueñas de mi sonrisa
endulzando sus verdades.

¡Suspira mi cuerpo a gritos!

Laidy Pérez

> *Allí se refugia la carne,
> el pecado.*

———

Complicidad

Baila el pecado

¡Sabe a veneno!
A amores lascivos,
impuros, sedientos.
          A almas vacías
          atadas al viento.

Allí arde la carne,
y a selva huelen
los pasos desiertos.

Refugio de amores
torcidos,
      quebrados,
           morada oscura
          donde baila el pecado.

*Reto hoy a tu boca,
   a la historia de tus besos.*

———————

Complicidad

Te reto

Si de besarme se trata...

    devela tu larga historia,
    pon a prueba tus pretextos,
    porque esta mujer hermosa

¡es también experta en besos!

*En mis labios, su aroma:
quiero beberla lento.*

Complicidad

Húmeda osadía

Viví aquella noche rociada de lluvia,
impúdica y loca
rozando mis piernas.

Atada a su boca,
a sus ojos ciertos,
al febril abrazo
que invadió mi cuerpo.

Desnudas las almas
quebraron al miedo
y voló en silencio hacia otro cielo.

Tocó mi cintura danzando en sus manos,
humedeciendo el tacto de mi desenfado.

Aquella osadía...
               respira entre llamas,
              desafía al tiempo,
                arrebata el sueño,
                    suspira con ganas.

Laidy Pérez

*Te siento
en el susurro de mi almohada.*

Complicidad

Ausencia

> La mirada se sorprende dibujando en mis pupilas
> la tristeza de abrazar el dolor de su partida.

Son estas ganas de amarle
las que desnudan mi sueño
cuando en las noches suspiro
por la ausencia de su cuerpo.

De soledad están llenos
los espacios que respiro
viviendo en la realidad
de no tenerle conmigo.

Me refugio en el recuerdo
pensando en aquellos besos.

> Hoy...
> acaricio su ausencia,
> añoro nuestros suspiros.

> En mi mente,
> la nostalgia de sentirme entre sus labios,
> acurrucando mi vientre, devorando mis encantos.

Laidy Pérez

Ausencia de abriles.

Complicidad

Frío

Mantuvo encendida
            la llama en mi cuerpo.

Vivía en mi hoguera,
en mi sexo férvido,
cada gemido
sentía su aliento.

Un día partió.

Dejó un frío cruel
calando los poros.

Gélidos mis labios
que saben a insomnio,
sufrida mi cama
sin tener su morbo.

Laidy Pérez

> *Búscame*
> *en tu verdad,*
> *bajo tu piel,*
> *en tu palabra y tu alma,*
> *de donde nunca he partido.*

Complicidad

Me sabes a distancia

Dame hoy de:

la distancia
refugiada entre mis pasos,
esculpida con deseos
de correr hacia tus brazos.

tu fragancia
enredada en mi cabello
al seducir mis desvelos.

la sonrisa
embrujada por la ausencia
      de tu boca,
           de tus manos,
inertes en mi conciencia.

tus pupilas
clavadas en el recuerdo,
perdidas en la memoria
bajo el calor de mi cuerpo.

Dame hoy de tu locura
resbalando
    por mi espalda,
        vientre
        y carne,
embriagados de nostalgia.

Dame hoy de esa distancia.

Siempre en tus memorias.

———————

Complicidad

Insisto:

Quiero ver mi boca
posada en tu aliento,
que impregne recuerdos.

> Que dejen su huella
> grabada en tu pecho
> mis uñas de fuego.
>
> Insisto.

*Mis versos lloran
tu piel desnuda.*

———————

Complicidad

Duele no tenerte ya

...bajo mis labios sedientos,
en esa ardiente estación
con temor a los inviernos.

...en mi cintura atrevida,
musa fiel enamorada
de la eterna poesía.

...en mi rubia cabellera
donde ponías tus ojos
con pasión aventurera.

>...duele no tenerte ya
>reflejado en mis pupilas
>por confiar en este amor
>herido por tus mentiras.

*—Embriágame de placeres
al despuntar la aurora.
—Sedúceme con tus labios
mientras mi piel se deshoja.*

———————

Complicidad

Esperando al alba

Desterraron la prisa sobre sábanas blancas,
imitando al cielo,
desnudando al alma.

Tocaron sus manos hasta el firmamento,
bebiéndose a sorbos la piel
y los miedos.

Fue la madrugada lasciva, sedienta,
locura expandida dentro de mis piernas.

Su boca en mis senos,
su pecho en mi espalda,
cayeron rendidos esperando al alba.

Laidy Pérez

*No habrá tormenta, ni gloria,
que le aparte de mi historia.*

———————

Complicidad

Me tocó sin tocarme

Descifró el silencio
alojado en mis ojos.
Tocó los sollozos
dentro de mis poros.

Me tocó la risa,
la sed,
mis enojos.

>¡Él detuvo al tiempo
>para mis antojos!

Tocó toda mi alma,
se bebió mis miedos,
retumbó en su pecho
      aquel febril
            ¡te quiero!

Laidy Pérez

*En la memoria...
el recuerdo de vivirte entre mis brazos.*

―――――――――

Complicidad

Tu huella

Convertimos cada frase
en sublime melodía.

Alzó la aurora sus alas,
desnudó el viento mi risa
en la oscura lejanía.

Desvestimos cada verso.
Su piel descubrió mi fuego,
mis manos cada latido.

    ¡Mil mujeres le inventé
    en aquella tarde nuestra!

Ahora mi alma sufre
refugiándose en su ausencia.

Laidy Pérez

> *Deja que mis labios sientan.*
> *Deja que mi piel descubra.*

Complicidad

Deseos de mujer

Déjame beberte lento, mórbido, impúdico...
como estos besos precipitados a tu boca.

Quédate prendido a la sed que te provoca,
                              la mía,
tatuada de miel y luna, de suspiros,
acurrucada en tu silencio.

Traduce esta noche los versos que escribo:
que sea sobre mi piel,
      sedienta ella,
          impura,
              sensual,
                  enamorada,
convulsa en tu mirada.

¡Sacúdete la cordura, el pudor,
el sexo que esculpe tu rutina!

Piérdete en este cuerpo de pedazos de cielo,
de poemas lascivos, los que te inspiran
a anclarte en mi alma
                      y mi beldad.
En estos deseos con alas que, insisto,
te sofocan.

De pensamientos vacíos.

Complicidad

Imaginación

Por un momento...
imagine sus labios
sobre mi espalda,
la sensación libertina
de incendiarme toda el alma.

Imagine, en los insomnios,
el olor de mi cabello
–desenfrenado y coqueto–,
deambulando en sus desvelos.

Por un momento...
imagine la soltura de mi risa
–altanera y presumida–,
mientras la piel se le eriza.

Imagine, en sus anhelos,
las manos en mi cintura
–enajenada y astuta–,
cuando vibro en su locura.

Por un momento...
imagine el sabor de mi humedad
–atrevida y deliciosa–,
regalando su verdad.

Consiéntame hasta el delirio,
ponga fuego a mis mejillas,
pero no olvide estos versos...
¡son solo lo que imagina!

Laidy Pérez

*—Aquí te espero,
bajo la sombra de mis anhelos.
—Sigo esperando.*

_____

Complicidad

Noche pálida

Con tus ojos sueño,
la noche se hiela
gritando al silencio.

Loco de placer
se inunda el recuerdo
por aquellos besos
quemando por dentro.

Desnuda la cama,
el sabor de mi boca,
la espalda que sufre
cuando se sofoca.

—Mi vientre solloza,
habla de tus manos.

Palidece mi noche
teñida de ausencia,
atada a tus labios.

Laidy Pérez

> *Entre la sensatez de adorarme,
> la locura de penetrar mi piel...
> le descubro.*

―――――――――

Complicidad

Me desnuda el corazón

Suda la noche,
hago de sus besos mi inspiración.

En sus brazos
el pretexto de sentirme amada,
dichosa,
mujer.

Baja a mi mundo mil pedazos de cielo,
se enredan en cada pensamiento.

De antojos, el cielo entre mis pechos,
bajo sus manos, sobre mi piel.

Laten los rincones donde suspira mi carne.

Suda la noche,
con un beso apasionado trastoca la razón.

Me seduce,
me desnuda el corazón.

Laidy Pérez

> *Soy la sensación prohibida*
> *que retumba en tu memoria.*

―――――――――

Complicidad

Te sorprendió mi boca

Aquella noche es historia,
maravilla consumada,
una huella recurrente
que en mis sentidos galopa.

Ensimismada quedé
ante la loca sorpresa
de desatar mi osadía,
y acurrucarme en tu boca.

Esos labios atrevidos
irrumpieron en los míos
sintiendo la desnudez
de mi aroma y sus suspiros.

Cada beso fue un milagro
con todo un mar por testigo,
mi cabello jugueteaba en tu
            mirada traviesa,
y tus manos se alistaron
a depurar mi belleza.

Cuando al destino le antoje
  repetir esta locura...

Pido tus labios impuros
retumbando en mi memoria,
y esta vez
     quiero seas tú...
         ¡quien me conquiste la boca!

*Son brazos prohibidos
que llenan destinos.*

Complicidad

Clandestinos

      Toca a mi puerta, una mujer te espera.

Traspasa el umbral
que llena tu ausencia
y aleja tu pena.

Desviste a pedazos
mi cuerpo desnudo,
los ojos
      que inquietos
           definen tu mundo.

Toca a mi puerta,
deja tu aliento,
ven a abrazar
         este amor clandestino.

      Llega a tu destino.

Laidy Pérez

> *Su espalda trajo el presagio*
> *de desnudar mi cintura.*

Complicidad

Tórrida sed

Llegó la lujuria
a tocarle el aliento
quemando la sangre
de su cruel invierno.

Varados yacían
sin leña, sin fuego,
los locos deseos
que armaban su cuerpo.

Sucumbió ante el hombre
de mirada inerte,
con la tórrida sed
tatuada en su frente.

Derramó los besos
sobre cada curva,
la tez,
su ombligo,
sus piernas fecundas.

Súbito el encanto,
insensata locura
que embriagó su ser
con fiera lujuria.

Laidy Pérez

> *Con él soy mariposa,*
> *con él vibro entre rosas.*

———————

Complicidad

Su libertad...

...se debate entre mil dudas
sobre poder cautivarme,
y no piensa que...

**Esta mujer
se muere por conquistarle.**

*Siénteme bajo tu piel
en cada mórbido intento.*

———————

Complicidad

Noche soñada

¡Complació mis caprichos!

No pedía tanto:
Tan solo unos ojos
    mirando hambrientos
      el morbo soñado.

Que fuera de prisa.

Correr la cortina
    en aquella noche
      prohibida,
        ilícita.

Mi pelo salvaje
en sus manos quise.
    Su pecho en mi espalda,
    mordía mi boca.

      El gozo,
      el peligro,
      mi sexo,
      sus piernas,
            saborearon fieros
            esa noche loca.

*Jamás perdona
el tiempo.*

———————

Complicidad

Efímero

Corto, demasiado corto era aquel momento.

Quería poner más segundos al tiempo,
callado el reloj susurraba: lo siento.

Con alas sus labios buscaban atajos,
cruzaban fronteras, gritaban:
　　　　　¡Malditas las horas!

¿Por qué dejarte cuando más te siento?

*Pasiones
que despertaron su vida.*

―――――――

Complicidad

Convencida

Y...
 la cama le supo a vida
  entre sábanas blancas
   que arroparon al deseo.
¡Desterraron la añoranza!

  Yo...
   le esperaré convencida
   de volver a conquistarle
   con mi pasión de mujer,
    ¡que aún en su cuerpo arde!

*Se agolpan sus pensamientos
frente al espejo.*

―――――――

Complicidad

Cita

      Un par de tacones
    frente aquel espejo
para alzar el vuelo.

De rojo carmín vestía
sus labios.
Quería borrar
      las lóbregas huellas
          de crueles pasados.

Ceñido el vestido
y cada pensamiento,
      querían apostar
      por un nuevo intento.

      Salió a la aventura,
     dejó andar sus pasos,
       quizás el amor
     volvía a sus brazos.

Laidy Pérez

*Sin temor, sin miedos...
más vale intentarlo.*

―――――――――

Complicidad

Intento

Si piensas que errados serán nuestros pasos,
propongo intentarlo.

Peor sería guardarse el abrazo,
negarse los besos,
cabizbajos andar arrastrando pasados.

> ***Propongo:***
>
> Que todas tus noches huelan a suspiros,
> espantar el polvo que vive en tu boca
> y sea mi risa el eco que tocas.

Ya hemos sangrado en vanos intentos,
errado sería que triunfen los miedos.

El tiempo, la cura.

Complicidad

Olvido

Dolió saberte lejos,
distante de mis labios.

Vencías al fuego,
los miedos,
borrabas el tedio
que vivían mis brazos.

Derrotado el silencio
caía a tu paso,
y gemía mi vientre
revuelto en tus manos.

Caló tu ausencia,
hirió aquel olvido.

        Mas sonrío, pues todo pasa.

¡Hoy, en otro hombre,
el amor me abraza!

*Sus labios guardan promesas,
descubren la poesía.*

―――――――

Complicidad

Amor es "complicidad"

Da vueltas el sentimiento que defiende los latidos,
llega pronto a refugiarse en cada espacio vacío.

(1)Arranca cada suspiro.
(2)Desordena nuestras ganas.
(3)Se pavonea orgulloso
cautivando las miradas.

(4)Coquetea con la risa
tras la magia de sus pasos,
acurruca mariposas
revueltas en los regazos.

Cuando le abrasa la sed:
 saca chispas a la carne,
  ardiente suda,
   ¡se enciende!
    La piel le arde.

(5)A puro verso concede
momentos insospechados,
se aferra a las fantasías
de labios enamorados.

—Si la vida te sorprende
 extasiado de pasión,
  no dudes,
  has caído incauto
 en las redes del AMOR.

Laidy Pérez

> *En tus brazos soy poema,*
> *en tus labios osadía.*

———————

Complicidad

Delicioso amarte

Suspira en remolinos esta pasión nuestra,
se pavonea orgullosa prendida del alma.

Llega tu voz a invadir mi mundo
y retumba la melodía de tus labios.

Rozas y desvistes mis sensaciones
como si otra vez no existiese.

                En tus manos, el arte de adorarme...

Moldeas mis poros con tu sabor a hechizo,
adornas cada curva.

La silueta: vibrante en tus pupilas.

Me miras, susurras:
—Delicioso amarte.

Así, de repente,
descubrimos nuestra existencia
desde tus ojos, y mi poesía.

                ¡...bendita manera de renacer!

Que se despierten los besos.

———————

Complicidad

Conquista

En esta alcoba,
–donde arderán los deseos–,
pondré el alma al desnudo
en la vastedad del cielo.

Pondré
(AMOR)
el alma al desnudo,
para saciarte de besos
bajo la noche atrevida
fugitiva entre mis pechos.

A cambio, prometo calar despacio
el embrujo de tus ojos
(capricho de mis antojos).

Así... detendré al tiempo,
con el sabor de tu aliento.

Húmeda adicción.

Complicidad

Húmeda

Así me dejas.
               Salpicada de mieles,
                  tan dulce mi piel
                        adicta a tu fiebre.

De aroma tu boca,
de licor suave que enciende,
                  y arranca mi ropa.

Húmeda me dejas,
           con olor a selva,
           tu sexo viril ha mojado mis piernas.

Despierta en mi pluma.

———

Complicidad

Todo de él

Poema dormido.

Me bebí despacio
toda su dulzura.

Los besos,
        su risa,
               sus ojos,
                      su piel.

¡Toda su locura!

Laidy Pérez

*Es él mi fiel melodía,
la luz de mi poesía.*

———————

Complicidad

Me conoce

Tiemblo,
le disfruto en el silencio,
sabe acariciar mi piel.

Desnuda las partituras
de mi boca enamorada.

Moja con su olor mi verso,
pone ardor a mis desvelos,
       conoce cada escondrijo
        de mis secretos y anhelos.

Ese hombre teje mis versos.

Complicidad

Te elijo

El mundo es más cierto
cuando en ti despierto.

Tus ojos me abrigan,
me colman tus manos,
desnudo mi cuerpo
cae enamorado.

        Responde mi silencio:

Mis pasos jamás estarán perdidos,
pues, hasta en otra vida,
    ¡yo a ti te elijo!

Laidy Pérez

*Quiero tu piel al desnudo
para embriagarme de amores.*

———————

Complicidad

Perderme contigo

Quiero beberte lento
—como fuego abrasador—
que asfixia tu aliento.

Vivirte en mis senos
vestidos de rosa.

Soñar con tus dedos
rozando mi boca.

Amarte en silencio,
saciar tus suspiros,
saborear los labios
que invaden mi nido.

Rociarte de lunas
con besos prohibidos,
tatuarte la espalda
con puros latidos.

En tus ojos quiero
mirar mis gemidos,
tocarte hasta el alma...
perderme contigo.

Que vuelen despacio todos tus sentidos.

———————

Complicidad

Acertijo

Taparé tus ojos,
jugará la mente
a descifrar mi cuerpo.

De fuego mi ropa,
es tan diminuta
que sobran pretextos.

Por testigos...

Dos copas de vino
a medio beberse.

El olor a fresas
que embriaga
mi vientre.

Una vela que sufre
el no poder tenerte.

Deja que tus manos
se queden atadas,
y sea tu boca
quien pruebe mis ganas.

Laidy Pérez

*Robo tu tranquilidad
cuando mi olor te acaricia.*

———————

Complicidad

Por tu lado

Danza mi cuerpo en tus pupilas:
      fascinante,
      inquieto,
      delirante.

Me miras
      y descubres.

Haces me pierda en cada pedazo tuyo.
Cada poro en ti ebulle,
      huelo a hembra.

He pasado por tu lado:
   desprendiendo fuego,
   erizando tus sentidos.

         Así, cortejas a esta mujer
            de morbos,
         encantos y suspiros.

*Tócame,
descubriendo al cielo
en mis pupilas.*

———————

Complicidad

Deshojada

Estoy cerca de tu piel:
huele a hombre ardiente,
a tulipanes desnudos.

> Noche loca, cómplice de aromas,
> mórbidos instintos.

En la cima de mis senos, tu boca.
Soy la flor que entre tus manos se deshoja.

Laidy Pérez

*He descubierto al amor
enredado en mis latidos.*

―――――――――

Complicidad

Amor:

> Es autor de los insomnios, rubrica las sensaciones,
> se apodera de los sueños pletórico de ilusiones.

Sorprende con picardía,
−iluminando los ojos−,
se pavonea insensato,
seguro de sus antojos.

Humedece las pupilas
si laceran los suspiros,
sufre en almohadas vacías
perturbado entre latidos.

Coquetea con la risa,
ruboriza las mejillas,
se compromete orgulloso
hincado de sus rodillas.

Ese caballero ardiente,
loco, intenso, enamorado,
se roba los corazones
con sublime desenfado.

> En su mirada un destello con aires de poesía.

Laidy Pérez

(...) ese es mi puerto seguro,
donde mis labios sonríen en sus brazos.

———————

Complicidad

Mi verdad

Veraz siempre es su palabra,
tiene la fuerza del viento,
de soles son sus pupilas
         si defiende mi universo.

Es mi refugio soñado,
la inspiración de estas letras,
en su amor está mi risa
         anclada en sus fortalezas.

Laidy Pérez

*Se enreda mi mente,
disfruta tu juego.*

———————

Complicidad

Tacto

Se enredan tus dedos
en mi cabello
        y
            danza la mente
                  en tan alto vuelo.

Se cierran mis ojos
ante el dulce tacto
que dejan tus manos
con sutil encanto.

Saborea tu boca
el carmín de mis labios.

Mi cuello se antoja,
te grita despacio.

    Tus dedos,
        mi pelo,
            tu boca,
                mi cuello...

...deciden amarse, sin pudor, sin frenos.

Laidy Pérez

*Me apetece
el sudor de tus caricias.*

———————

Complicidad

Pasiones

¡Tiemblan las rodillas!

Suaves mordiscos
desnudan mi cuello,
acarician tus dientes
todos sus desvelos.

        ¡Erectos los vellos!
        ¡Las arterias despiertan!

Libertinas tus manos,
la boca,
esos dedos
      que temen perderse
          mis salobres senos.

        ¡Convulsan las piernas!
        ¡Gimen las caderas!

Mi piel sudada,
tersa, apasionada
      insiste sedienta en beber tu cama.

Laidy Pérez

*Susurra la noche,
roba mis sentidos.*

―――――――

Complicidad

Las palabras que te gustan

Átame,
      tócame,
   bésame,
         róbame cada gemido.

Haz que mis labios susurren
mil palabras en tu oído.

Con sabor a locura.

Complicidad

Pies desnudos

—A morbo te saben mis pies en tu boca.

Te digo en susurros mirando tus ojos,
gozando tus labios repletos de antojo.

Se incendian las ganas dentro
de mis dedos,
el sabor a mujer
levanta tu fuego.

Desnudos estamos,
se humedece el tiempo que corre insaciable.

Mis pies se estremecen
y tu carne arde.

Febril.
———————

Complicidad

De sol

Me vuelvo selva, pasión, fuego,
ardor, morbo, ganas.
Cuando tus labios retozan
en la punta de mi almohada.

Laidy Pérez

Se encienden las ganas.

———————

Complicidad

Tentaciones

> Hagamos el amor
> donde las miradas toquen nuestros cuerpos.

Allí donde el verbo se torne punzante
en boca de aquellos que no han sido amantes.

—Reguemos de amor aquel banco vacío.

Que cada pasión se enrede en mi pelo,
y tus labios jueguen a sentirse plenos.

Quiero que los ojos,
que invadan mis besos,
sean los mismos que rozan tu aliento.

Hagamos que sufran,
murmuren,
y sientan...
¡que bajamos al mundo
dentro de las piernas!

Laidy Pérez

*Mi cuerpo desnudo
vive en el recuerdo.*

———————

Complicidad

Un mundo para dos

¡Desnudos quedamos!

Aquella mañana,
lejanos de todos,
        al amor buscamos.

Mis pechos al viento
defendían su ego,
era fácil rendirse
a su desenfreno.

Salpicaba el agua
        cada pensamiento.

Con los ojos llenos
de soles y lunas,
él solo miraba.
        Su mirada tierna
        vivía la dicha
        bajo el cielo abierto.

Contemplaba inerte
desde aquella roca
a mi espalda libre,
silvestre, mojada.

Aquella mañana,
lejanos de todos,
        al amor encontramos.

Mi decisión más pura.

Complicidad

Mi universo

Pedí unos besos puros
defendiendo mi universo.

Hoy acompañan mi vida,
ponen alas a mis versos.

¡Absoluta locura!

———————

Complicidad

Hacernos el amor

Más que piel,
carne,
poros seduciendo la pasión.

Entender la mismísima locura
sin cordura ni razón,
comprender el antes y el después.

                        Complicidad entre dos.

Complicidad de Mujer

Complicidad

Soy lo que ves...

...esa mujer inquieta,
primorosa, enamorada,
con un brillo alucinante
desbordado en la mirada.

...esa mujer coqueta,
desenfadada, resuelta,
con las avispas prendidas
en sus hormonas revueltas.

¡...la mujer osada,
caprichosa, presumida,
con un fuego despiadado
en su cintura atrevida!

...una mujer virtuosa,
seductora, ilusionada,
con el verbo consumado
en su magia idolatrada.

Soy:
Mujer segura,
valerosa, soñadora,
con las pupilas sedientas
en el roce de su aurora.

Soy esa bella mujer
    con alas en la conciencia,
        ardiente en su poesía...
            ¡con verdades a cuestas!

Laidy Pérez

Más que piel

Más que carne soy poema,
más que poros, fantasía.
Más que dermis soy talento
y más que corteza, alegría.

Más que piel:

Inteligencia,
valor,
primavera,
simpatía,
inmensamente... ¡mujer!

¡¿Quiere usted más osadía?!

Complicidad

Dichosa

Hoy desperté...
primorosa convencida de mis versos,
como el artista cautivo
que pone vida a sus lienzos.

La mañana, sorprendida,
se admiraba de mi risa
al descubrir la cortina
ondulante por la brisa.

Mil pensamientos llegaron
asaltándome la mente,
sentí un fuego en mi alma
iluminando el presente.

Otras certezas vinieron
a sorprender la mirada.
Se agigantaban los sueños
defendidos con mis garras.

En la distancia... mis ojos
se debatían gloriosos
confesándome al oído
que se sentían dichosos.

La respuesta llegó cierta
venerando aquella dicha
que atesoro en mis adentros.

Mi belleza se enaltece
esparcida por doquier,
hoy quiero gritar al mundo:
        ¡Soy feliz por ser mujer!

Laidy Pérez

No eres linda...

Sus ojos dejaron huellas
en mis mejillas sedientas:
acariciaron la brisa
de mi sonrisa resuelta.

Los labios tejieron versos,
endulzaron mis oídos,
divagaba la mirada
inmersa en puros latidos.

La ternura por mi alma
fue in crescendo en su memoria,
dejó sus tiernas palabras
impregnadas en mi historia.

Encrucijados en dudas
–mi mente y mi pensamiento–
sin comprender la intención
de aquel sutil sentimiento.

Por siempre recordaré
                cada destello,
esa huella atada a mi corazón
desde sus labios de seda.

Así susurró con celo
aquella frase divina:
                –No dejes te digan linda,
                pues no eres linda...
                ¡eres BELLA!

Complicidad

Curvas

Ella subió a sus tacones
como estrenando las huellas,
trenzó la mente y el alma
cual eterna primavera.

El espejo fue su dueño
ante sus curvas perfectas,
las transformó en nuevas alas
dejándolas muy despiertas.

Prendió chispas a ese brillo
escondido en las pupilas,
puso en su carne la sangre
enamorando sus fibras.

Sintió una belleza cuerda
estremeciendo su vida,
se refugió en el dolor
hechizo frente a sus días.

Él esculpió su hermosura
con manos de seda y fuego,
pinceló todo su cuerpo
como guitarra de acero.

La dicha lanzó destellos
en su cintura de encantos
—e inmortalizó su risa—,
con la virtud de sus pasos.

Laidy Pérez

¿Cómo decirle "NO"?

Tejes con hilos de encanto
el lenguaje de tu risa,
orgullosa te descubre
el poder de la conquista.

        Enamoras a la luna
      con esa magia genuina.

Pones freno a la tristeza
suspirando poesía
con la fuerza de tu verso
en recurrente osadía.

Juegas con la fantasía
desenfrenada en tu mente
estremeciendo a su paso
el más seguro presente.

Prendes fuego a los latidos
de corazones ajenos
embriagados de la musa
refugiada en tus desvelos.

Desnudas la sensatez
entre sábanas impuras
desafiando la pasión
con derroche de locura.

En tus alas… el amor se adueña de la virtud.
–¿Quién puede decirle "NO"
        a una mujer como tú?

Complicidad

Inquieta en tus pupilas

Soy...
      esa mujer de cielos, alas, alma,
      impregnada de vuelos,
      tempestades y calma.

Te quiero en mi viaje,
esculpido de letras,
              auroras,
              ocasos,
         horizontes distantes
      y estaciones prohibidas.

Soy esa mujer de aciertos,
              quimeras,
            puertos,
        colmada de nubes,
       poesías y sueños.

Te quiero aquí, en mi sed desnuda,
arriscada en tus labios,
              tu pecho,
           la espalda,
        dueña de tus ansias.

    Tempestades y calma:
    estaciones prohibidas.
    Poesía, sueños...
    ¡dueña de tus ansias!

Soy...
      esa mujer impura,
      sensual, atrevida,
      y deseo estar siempre
            inquieta en tus pupilas.

Made in the USA
Columbia, SC
21 August 2023